Richtlinien für Speisekarten & Co.

in Zusammenarbeit mit der

GASTRONOMISCHE AKADEMIE
DEUTSCHLANDS E.V.

Handwerk und Technik · Hamburg

Richtlinien für
Speisekarten & Co.
GASTRONOMISCHE AKADEMIE
DEUTSCHLANDS E.V.

Vorwort

Die Gastronomische Akademie Deutschlands e.V. versteht sich als das kompetente Gremium in Deutschland für Fragen zur Kochkunst und Tafelkultur. Alle Empfehlungen koordiniert ein Arbeitskreis, der sich aus Fach- und Führungskräften der Branche, Wissenschaftlern sowie Bildungsexperten zusammensetzt. Seine Empfehlungen sollen die Auffassungen von Praxis und einschlägiger Literatur zeitgemäß zusammenführen. Dadurch wird insbesondere für den Ausbildungsbereich eine verbindliche und moderne Grundlage für die Praxis und die Prüfungen geschaffen.

Die in den Ausschuss berufenen Mitglieder arbeiten ausschließlich ehrenamtlich. Allen, die an dieser jetzt vorliegenden Ausarbeitung mitgewirkt haben, gilt unser besonderer Dank.

Die „Richtlinien für Speisekarten & Co." wurden erstmals 1974 herausgegeben und seitdem immer wieder aktualisiert, insbesondere in Bezug auf die rechtlichen Bestimmungen. Inzwischen fanden sie auch in die Fachliteratur weitgehend Eingang.

Wenn auf den nachfolgenden Seiten nur die männlichen Berufsbezeichnungen gebraucht werden, so dient dies der einfacheren Lesbarkeit. Selbstverständlich sprechen wir in gleichem Maße alle weiblichen Mitarbeiterinnen an.

Mithilfe dieses Ratgebers werden Ihre Speise- und Getränkekarten zum kreativen Aushängeschild Ihres Betriebs. Die GAD und der Autor wünschen Ihnen viel Spaß und Erfolg bei der Gestaltung Ihrer Angebotskarten.

Bernhard Böttel
(Präsident)

Hans G. Platz
(Geschäftsführender Vorstand)

Heinz-Peter Wefers
(Fachbuchautor)

Inhaltsverzeichnis

Hinweis: Aus markenrechtlichen Gründen handelt es sich bei den Speisen und Getränken auf den Angebotskarten in Kapitel 4 um Fantasiebezeichnungen.

1 Geschichte der Speisekarte

Athenaios von Naukratis (um 195 vor Christus) erbringt in seinem Werk *Das Gelehrtenmahl* den Beleg, dass es bereits zu jener Zeit Brauch war, Schreibtäfelchen zu überreichen, auf welchen die zu servierenden Gerichte verzeichnet waren.

Ebenso gibt es Belege in der *Zimmerschen Chronik*: Am Reichstag zu Regensburg 1541 hatte Herzog Heinrich von Braunschweig einen langen Zettel auf der Tafel liegen, welchen er oftmals ansah. Graf Haug von Montford wunderte sich darüber und fragte nach der Bedeutung. Der Herzog sagte, dass der Küchenmeister ihm alle Speisen aufgeschrieben habe, damit er sich mit seinem Essen danach richten könne.

In der Zeit des französischen Barocks, also während der Regierungszeit des Sonnenkönigs Ludwig XIV. (1643–1715), treten an die Stelle der großen Prunkgelage intimere *Diners* und *Petits Soupers* mit ausgeklügelten *Menus*.

Gemäß dem gastronomischen Standardwerk *Larousse Gastronomique* wird das Wort *Menü* in unserem Sinne seit 1718 gebraucht. Der Ursprung des Wortes folgt dem Lateinischen *minutus*, was *verringert, vermindert, kleiner* bedeutet. Ein Menü ist also nichts anderes, als – gemessen an den mittelalterlichen Speisenfolgen – eine stark verkleinerte, mitunter auch verfeinerte Speisenfolge für einen ursprünglich kleinen Gästekreis.

Die Restaurants und mit ihnen die moderne Speisekarte sind ein Produkt der Französischen Revolution. Bis 1760 hatte das Wort *Restaurant* keine andere Bedeutung als *stärkend*. Man bezeichnete damit bestimmte Fleischbrühen, die nach einer Krankheit oder größeren Anstrengungen frische Kräfte verleihen sollten.

1786 wurde in Paris allen Stadtköchen und Gastwirten erlaubt, ihre Räumlichkeiten für Gäste zu öffnen und Speisen zu servieren. Das Restaurant wurde zu einer gastronomischen Einrichtung, in der die Gäste das individuelle Angebot nach einer Speisekarte auswählten und *Table d'Hôte* – an der Wirtstafel – an Ort und Stelle verzehren konnten.

Die Speisekarte ist ein umfassendes Verzeichnis aller servierfertig gehaltenen oder à la minute herzustellenden Speisen, das dem Gast die Auswahl und die Zusammenstellung seiner Mahlzeit erleichtern soll. In ihrer inneren Gliederung orientiert sich die Speisekarte am Menü.

MENU

Souper
du 9 Décembre 1865.

Potage Crème de Marrons.
Consommé aux pâtes de Gènes.

Darnes de Saumon au Vin du Rhin.
Filets de Zander frits sauce aux anchois.

Poulardes aux Riz sauce suprême.
Noix de jambon glacées au Madère.

Dindes roties au Cresson
Perdreaux et Bécasses
Salades.

Macédoine de fruit au Vin de Champagne.
Crème Bavaroise au chocolat.

Glaces. Gaufres. Compôtes.
Desserts.

Menükarte vom 9. Dezember 1865 zur Vermählung Ihrer Königlichen Hoheit Friederike Wilhelmine, Prinzessin von Preußen, mit seiner Hoheit Friedrich Wilhelm, Herzog von Mecklenburg-Schwerin. Entwurf der Karte: Theodor Hosemann. Quelle: „Ordnung der Feierlichkeiten" in Malortie: „Der Hofmarschall", 3. Auflage, 2. Band

Quelle Foto: © Ernst Birsner † (GAD), Gengenbach

2 Einteilung der Angebotskarten

Viele Gastronomen nutzen Angebotskarten nicht nur, um über ihr Angebot an Speisen und Getränken zu informieren, sondern auch, um die Gäste emotional anzusprechen. Die Vielseitigkeit der Präsentation ermöglicht eine intensive Kundenbindung. Angebotskarten lassen sich nach verschiedenen Merkmalen unterscheiden.

2.1 Größe, Form, Material und Medium

Die Vielfalt an Angebotskarten ist groß. Größe, Form, Material und Medium müssen kreativ aufeinander abgestimmt werden.

Angebotskarten auf Papier und Pappe

Einteilung der Angebotskarten

Straßentafel

Wandtafel

Frisbee-Tafeln

Tischdisplay

PC

Menuboard

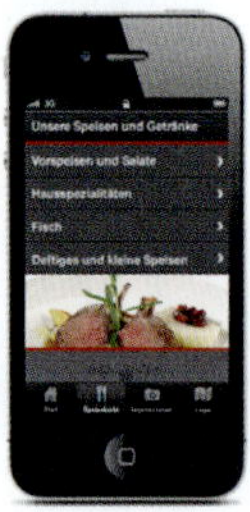

Smartphone

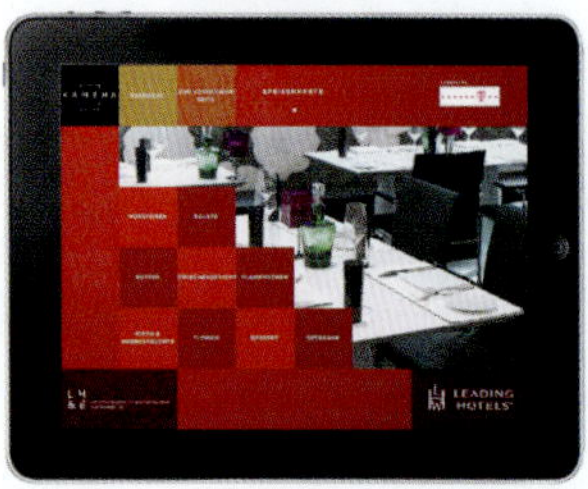

Tablet

Papier oder Pappe – gedruckt oder handgeschrieben

Einige Zulieferer bieten ihren Vertriebspartnern professionelle Unterstützung bei der kreativen Gestaltung und beim Druck ihrer Angebotskarten an. Die Erstellung der Karten kann mithilfe von Softwareprogrammen erfolgen.

Aufstelltafeln, Menuboards oder Displays

Vor oder im Restaurant wird oft auf Tafeln das Angebot oder eine spezielle Empfehlung beschrieben. Besonders im Fast-Food-Bereich sind große Menuboards und Displays üblich.

Tablet-PC, Internet bzw. Webseite, Smartphone und App

Weltweit nutzen immer mehr Restaurants Tablet-Computer für ihre Angebotskarten im Restaurant. Die Bestellung wird durch Berühren des Absendebuttons an die Küche versendet. Ist das Essen zubereitet, vibriert ein Gerät am Tisch des Gasts und der Gast kann mit seiner Chipkarte, auf der die Bestellung gespeichert ist, an der Abholstation seine Mahlzeit entgegennehmen. Alternativ bringt ein sogenannter *Foodrunner* dem Gast die bestellten Getränke und Speisen.

Aktuell kommt die Tablet-Karte immer häufiger im Getränkebereich zum Einsatz, insbesondere im Weinsegment als *Wein-Pad*. Damit können auf einfache Weise detaillierte Informationen vermittelt werden.

Die Technik bringt viele Vorteile, birgt aber auch Risiken. Eine Tablet-Karte bietet eine schnelle und fehlerfreie Bestellmöglichkeit sowie eine unkomplizierte Bearbeitung. Es kommt weder zu Schreibfehlern der Servicekraft, noch gibt es die Möglichkeit zu Missverständnissen an der Schnittstelle zur Küche. Statt auf die Servicekraft zu warten, können die Gäste direkt nach dem Platznehmen bestellen. Hinzu kommt, dass mit wenigen Handgriffen eine alte Karte oder ein altes Gericht gelöscht und ein neues Gericht aufgespielt werden kann. Die Karte braucht nicht jedes Mal neu gedruckt zu werden.

Auf der anderen Seite ist die Tablet-Karte mit hohen Anfangsinvestitionskosten und dem Risiko technischer Probleme verbunden. Stürzt das System ab, ist das gesamte Restaurant lahmgelegt. Außerdem kann die Tabletbestellung bei einigen Gästekreisen auf Ablehnung stoßen. Am Wesentlichsten ist aber der Faktor der Kommunikation. Der Kontakt mit dem Gast wird vernachlässigt!

Für ein gelungenes Online-Marketing ist die Präsentation der Angebotskarte im Internet besonders wichtig. Kassensysteme und spezielle Softwareprogramme ermöglichen die direkte Weitergabe der Speisekarte an die Webseite, Facebook-Seite und als App.

Professionelle Anbieter bieten dem Gastronomen Unterstützung bei der Erstellung digitaler Angebotskarten. Komplettlösungen beinhalten die Angebotskartenerstellung und die Verwaltung mit den Elementen Internetpräsenz, Kundenverwaltung, Kassensystem, Tischreservierung, Warenwirtschaft, Statistik, Bestellsystem und Kalkulation.

2.2 Anlässe

Je nach Restauranttyp, Angebot oder z. B. Tageszeit werden den Gästen unterschiedliche Angebotskarten präsentiert. Speisentechnisch und getränketechnisch bestehen drei Möglichkeiten für Angebotskarten:

1. Kombinierte Speise-und Getränkekarten

- Standardkarte mit allen Speisen und Getränken
- Festmenükarte
- Karte für Kaffee, Tee, Kuchen und Eis
- Roomservice-Karte

2. Speisekarten

- Standard-Speisekarte/Jahreskarte
- Menükarte
- Aktionskarte/Spezialkarte/ Spezialitätenkarte/Snackkarte
- Kinderkarte
- Dessertkarte/Eiskarte
- Standardkarte mit allen Getränken

3. Getränkekarten

- Standardkarte mit allen Getränken
- Kaffeekarte, Teekarte
- Weinkarte
- Bierkarte
- Barkarte/Cocktailkarte
- Wellness Drinks, z. B. im Spa-Bereich

In vielen gastronomischen Betrieben gibt es nur eine Getränkekarte, die das gesamte Angebot enthält. Die einzelnen Getränkegruppen werden darin getrennt dargestellt.

3 Angebotskarte als Visitenkarte des Betriebs

3.1 Aufgaben

Angebotskarten sind wichtig für die Verkaufsförderung und damit auch aus betriebswirtschaftlicher Sicht von besonderer Bedeutung. Sie dienen als Visitenkarte des Betriebs, denn die Gäste schließen von der Qualität der Angebotskarte auf die Qualität der Küche und des Service.

Zu den Aufgaben der Angebotskarten gehören:

Verkaufsangebot

Angebotskarten präsentieren ein Speisen- und Getränkeangebot, das den Tatsachen entsprechen muss. Irreführende oder unklare Bezeichnungen sollten nicht verwendet werden.

Werbemittel

Angebotskarten sollen verführen, den Gast zum Konsum verleiten. Mit einer gelungenen Internet-Präsentation (Homepage) kann der Gastronom eine hohe Reichweite für das Angebot seines Betriebs erzielen.

Preisinformation

Angebotskarten beinhalten gesetzlich vorgeschriebene Preisinformationen.

Lebensmittelkennzeichnung

Angebotskarten müssen die gesetzlich vorgeschriebenen Kennzeichnungsvorschriften enthalten, z. B. Angaben zu Zusatzstoffen und Allergenen.

3.2 Anforderungen

Damit die Angebotskarte zur Visitenkarte des Betriebs wird, muss sie folgende Anforderungen erfüllen:

Verführerisch

Eine ansprechende, perfekte Gestaltung ist verkaufsfördernd. Durch verkaufsaktive Informationen wird das Interesse des Gasts geweckt. Eine faszinierende Bildsprache und eine professionelle sensorische Beschreibung sind hierfür geeignete Mittel.

Übersichtlich

Nicht zu viele Gerichte anbieten: Angebotskarten sollten die Auswahl erleichtern und auch für die Servicekräfte leicht zu handhaben sein.

Informativ

Speisen und Getränke nicht nur aufzählen, sondern auch beschreiben. Die Beschreibung soll Lust auf das Produkt machen.
Jeder Betrieb sollte die Möglichkeit nutzen, auf besondere Empfehlungen, Aktionen und Spezialitäten nicht nur in der Standardkarte, sondern auch gesondert hinzuweisen z. B. mit Stelltafeln, Tischaufstellern, Flyern usw.

Eindeutig

Fantasienamen für Produkte erläutern. So wird auch die Arbeit des Servicepersonals erleichtert.

Sauber und ordentlich

Angebotskarten pflegeleicht herstellen. Fettflecken, Essensreste oder Eselsohren wirken unappetitlich. Keine korrigierten Karten verwenden. Beschädigte Karten aussortieren.

Bei Papierkarten sollte die Art und Stärke des Papiers einem schnellen Verschmutzen und Verknicken entgegenwirken.

Aktuelles | Wir über uns | Küche | Ihr Feier bei uns | Catering | Bildergalerie | Unsere Tipps | Vinothek

Unsere Karte ab 3. Dezember

Vorspeisen
Knuspergarnele und Königskrabbentatar 16,00 €
- mit Karotten-Koriandercrème, Wakamesalat und Wasabiespuma

Kalbstatar mit Ziegenkäse gratiniert 16,00 €
- dazu Chicorée und Essiggemüse

Feldsalat in Kartoffel-Speckdressing 13,50 €
- dazu Carpaccio von der zart geräucherten Gänsebrust,
Aprikosenchutney und Croûtons

Zwischengericht / Suppe
Schwarzwurzeln mit Sot-l´y-laisse 12,00 €
- dazu Kartoffelschaum und Kalbsjus

Gänsekraftbrühe 8,50 €
- mit Steinpilzmaultaschen und Wintergemüse

Unsere Empfehlung für Zwischendurch:
Limonensorbet mit Rieslingsekt brut 6,00 €
„Stappen – EDITION" aufgegossen

Fisch
Meeräsche mit Petersilienwurzel-Risotto 26,00 €
- dazu Parmesanschaum und rote Bete Salat

Zander und Blutwurst-Kartoffelroulade 22,00 €
- mit Rahmkraut und Champagnersauce

Fleisch
Rosa gebratener Hirschrücken 28,00 €
- dazu Selleriepüree, Kartoffelkrapfen und Nougat-Chili-Jus

Kurz gebratener Sauerbraten vom Rind 24,00 €
- mit Apfelkompott, Semmelknödel und hausgemachtem Rotkohl

Entenbrust mit Cranberriejus 23,00 €
- dazu Kartoffel-Schalottengratin und Steckrübenpüree

Kennen Sie schon unsere gemütliche, neue **Vinothek**?
Gerne zeigen wir unsere neue Weinbar –
auch für Veranstaltungen bis 20 Personen perfekt geeignet!

Unser Service-Team berät Sie gerne bei Allergien und Unverträglichkeiten.
Fragen Sie nach unserer Allergen-Speisekarte.

Aktuelle Termine

Wir catern Ihr Fest !

Frische Küche ist uns wichtig !

Aktuell

Die angebotenen Speisen und Getränke müssen verfügbar sein. Festangebot und Wechselangebot mittels auswechselbarer Einlagen sollen eine grafische Einheit darstellen. Dies ist bei der Papierauswahl und grafischen Gestaltung zu berücksichtigen.

Rechtlich einwandfrei

Gesetzliche Vorschriften wie Lebensmittelkennzeichnung und Angaben zu Allergenen und Preisen müssen beachten werden.

Handlich

Keine Miniaturkarten oder Riesenmappen anbieten. Zweckmäßige Materialien einsetzen. Eine Angebotskarte sollte möglichst lange haltbar und immer gut zu handhaben sein – sowohl für den Gast als auch im gastronomischen Betrieb. Deshalb ist auf Größe, Form, Faltsystem, Blätterfähigkeit, Befestigung auswechselbarer Einlagen und Material – insbesondere des Umschlags – zu achten.

Originalität durch ausgefallene Materialien wie Holz, Stein, Stoff, Leder, durch Übergrößen wie im Zeitungsformat, durch Kettenfaltung und Rollsystem sind besondere Hingucker. Allerdings muss die Handlichkeit immer gewährleistet bleiben. Der Gast kann eine schwere oder zu große Speisekarte nicht lange halten. Legt er sie auf den Tisch, bringt er den sorgfältig gedeckten Tisch in Unordnung. Hält er die Karte hoch, kann er sich mit seinen Tischnachbarn nur noch eingeschränkt unterhalten.

Ein ansprechend gestalteter, etwas festerer Umschlag, eine wie ein Buch aufklappbare und gut umzublätternde Speisekarte ermöglicht eine bequeme Handhabung. Schnell zu wechselnde Einlagen weisen den Gast auf besondere Angebote hin und machen Appetit.

Aus Kostengründen sollten auch im Betrieb vorhandene Herstellungs- und Vervielfältigungsmöglichkeiten berücksichtigt werden.

Lesbar

Auf eine fehlerlose Rechtschreibung und einheitliche Ausdrucksweise achten. Abkürzungen, Trennstriche und Kommas vermeiden.

Auch bei der Wahl der Schrift sollte ein Zuviel unterschiedlicher Schriftarten vermieden werden. Empfohlen wird die Verwendung von höchstens zwei Schriftarten. Vorzuziehen ist eine moderne Schrifttype gegenüber veralteten Schriften und Schriften mit vielen Schnörkeln. Überschriften sollten eine andere Schriftgröße haben. Die großzügige Verteilung des Textes über die gesamte Seite stellt für den Gast eine gute Orientierung sicher.

Bei der Festlegung der Schriftgröße empfiehlt es sich, die Lichtverhältnisse im Betrieb zu berücksichtigen und an Gäste mit verminderter Sehkraft zu denken.

Nicht nur die Schriftart und Schriftgröße, sondern auch die Farbwahl kann z. B. bei gedämpftem Licht eine Speisekarte für den Gast fast unleserlich machen.

Die Angebotskarte muss optisch gut lesbar sein, also stärkere Kontraste beinhalten.

Grundsätzlich zu vermeiden sind spätere Streichungen und Preisverbesserungen. Enthält die Speisekarte auch das Weinangebot, könnten Hinweise wie *ausgetrunken* oder das Symbol des umgestürzten Glases eingefügt werden, wenn der Wein nicht mehr verfügbar ist. Besser ist es jedoch, die Karte neu zu schreiben.

Die Sprache (regional, national, international) ist vom Betriebstyp abhängig. Für die Beratung ausländischer Gäste sind Karten in der jeweiligen Fremdsprache von Nutzen. Sie hinterlassen zusätzlich einen professionellen Eindruck. Ein Sprach-Mix ist generell zu vermeiden.

Modern

Die technischen Möglichkeiten sollten genutzt werden. Angebotskarten sollten im Internet einzusehen sein und je nach Zielgruppe sollte die online-Bestellung per Smartphone oder Tablet-PC möglich sein.

Eine gut gestaltete Angebotskarte ist informativ, übersichtlich und macht Lust auf den Verzehr von Speisen und Getränken.

3.3 Inhalt

Am Inhalt lässt sich die Kompetenz des Gastronomen ablesen:

- Kennt er die Zusammensetzung seiner Gäste und seiner Zielgruppe?
- Weiß er um die Qualität,
  - die seine Gäste wünschen und
  - die er ihnen bieten möchte?
- Entspricht das Angebot seinen Einkaufs- und Lagermöglichkeiten?
- Kennt er seine technischen und personellen Voraussetzungen?

Die Karte soll Appetit auf die angebotenen Speisen und Getränke machen.

Bei der Erstellung einer neuen Speisekarte sollen Betriebs-, Küchen- und Restaurantleitung grundsätzlich zusammenwirken.

Weniger ist mehr

Für den Gast ist nicht der Umfang einer Speisekarte entscheidend. Drei bis fünf überlegt ausgewählte Gerichte pro Speisengruppe können vollkommen ausreichen. Dies gilt insbesondere dann, wenn die Speisekarte ein schnell wechselndes Angebot zulässt – z. B. für Tagesmenüs, Tagesempfehlungen oder ein Wochenangebot, Hausgerichte, regionale und saisonale Speisen. Gerichte für Gäste, die sich speziell ernähren wollen, lassen sich besonders herausstellen.

Die einzelnen Gerichte können kreativ zusammengestellt sein, bewährte fachliche Grundsätze sollten aber beachtet werden.

Die Gestaltung der Speisekarte sollte den individuellen Charakter eines Betriebs widerspiegeln. Unter Marketinggesichtspunkten können Anschrift, Öffnungszeiten, Ruhetage, Betriebsferien und eventuelle Hinweise auf andere Dienstleistungen enthalten sein. Die Aufnahme von Fremdwerbung ist individuell abzuwägen.

4 Speisekarten

4.1 Begriffe

- *Speisekarte* oder *Speisenkarte*
  Der DUDEN lässt beide Schreibweisen zu. Die GAD empfiehlt die Verwendung von *Speisekarte*.
- *Speisenfolge* oder *Menü* ist die Auflistung von Gerichten, die in einer bestimmten Reihenfolge serviert werden. Ein *Menue* gibt es nicht, *menue* ist im Französischen die weibliche Form des Eigenschaftswortes *klein*.
- *Speise* ist ein verzehrfertig zubereitetes Lebensmittel roh (Kopfsalat) oder gegart (Salzkartoffeln).
- *Gericht* ist die Zusammenstellung verschiedener sich ergänzender Speisen bzw. Lebensmittelkomponenten, z. B. das Hauptgericht.

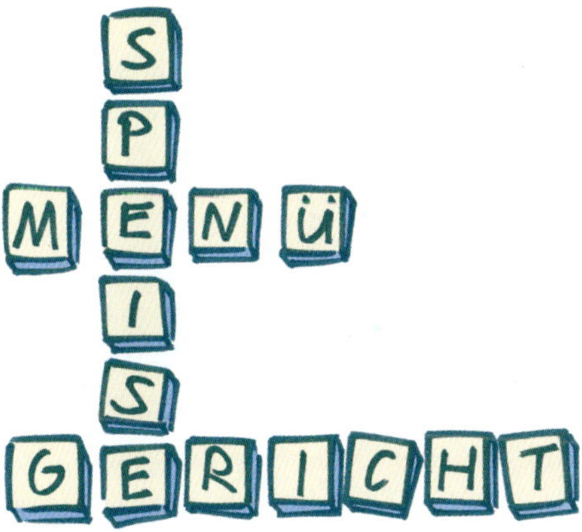

Beim Schreiben von Speisenamen auf der Karte ist zu unterscheiden zwischen den:

- allgemein im DUDEN festgelegte Normen zur Rechtschreibung
- Regeln zur Sprachform, die sich herausgebildet haben (siehe Kapitel 5.3).

4.2 Fachliche Gliederung

Jeder Gast soll sich in einer Speisekarte leicht orientieren können. Eine klare Zusammenfassung der einzelnen Gerichte zu Speisegruppen stellt dies in der Regel sicher.

Die Gruppierung richtet sich üblicherweise nach dem Aufbau der klassischen Speisenfolge. Sie hat also eine fachliche Grundlage.
Andere Zuordnungen, z. B. nach Tageszeiten oder von leicht bis gehaltvoll sind ebenfalls denkbar und zeitgemäß.

Klassische Speisenfolge

Die klassische Speisenfolge in Angebotskarten sieht wie folgt aus:

Kalte Vorspeisen und Salate

Suppen
- klar
- gebunden

Warme Vorspeisen und Zwischengerichte

Hauptgerichte mit Sauce, Gemüse und Sättigungsbeilage

Käse

Desserts

Wenn es zum Charakter des Hauses passt oder es sich um eine Aktionskarte handelt, können auch bildhafte Überschriften gewählt werden.

Beispiele:
Fränkischer Abend, Die Jagd beginnt, Leckerbissen aus Wald und Flur, Fiesta Mexicana, Italienische Reise, Vitamineschub, Fit in den Frühling

Zusätzlich zur Angebotsinformation besteht die Möglichkeit, die Karte mit Anekdoten, Geschichten und ländertypischen Informationen oder Zeitgeist-Kommentaren für den Gast interessant zu gestalten.

Grundsätzlich erfolgt die Beschreibung von Gerichten in folgender Reihenfolge:

- Hauptmaterial mit Garnitur und Sauce und Zubereitungsart
- Gemüsebeilage
- Sättigungsbeilage
- Beilagensalat

Beispiel für die Beschreibung eines Gerichts:
Rindersteak mit Pfeffersauce,
Brokkoli-Bohnen-Paprika-Gemüse und Spätzle

Standardkarten

Standardkarten sind Speisekarten, in denen das Angebot für einen längeren Zeitraum angeboten wird. Sie sind unabhängig von Aktionen, Saisonangeboten etc. Hier steht das bewährte, qualitativ hochwertige, meist standardisierte Produkt im Vordergrund. Standardkarten können im Umfang der angebotenen Speisen deutlich variieren.

Die große Speisekarte (*à la carte*) ist eine Angebotskarte für das Mittags- und/oder Abendgeschäft, die oft nach der klassischen Speisenfolge aufgebaut ist:

- kalte Vorspeisen
- Suppen
- warme Vorspeisen
- Sorbets
- Hauptgerichte
- Käse
- Desserts

Die kleine Speisekarte dient als Angebot außerhalb der Hauptessenszeit oder ist auf die Betriebsgröße und das Betriebskonzept abgestimmt.

Aktionskarten, Spezialkarten und Spezialitätenkarten

Diese Karten werden für aktuelle Aktionen, Anlässe oder Gästegruppen konzipiert. Meist werden sie in die Standardkarte eingelegt, als separate Karte bzw. Flyer oder Tischaufsteller gestaltet und oft auch als Newsletter per Mail verschickt. Die Gestaltung und Aufmachung sollten auf die Standardkarte abgestimmt sein.

Themen für Aktionskarten und bestimmte Zielgruppen:

- Business Lunch, Candle-Light-Dinner, Quick Lunch
- vegetarische Menüs/ Green Label/Veggie Fun
- Tagesspezialitäten/Tageskarten
- Saisonkarten
- Weihnachten, Silvester, Ostern, Wildgerichte, Länderwochen
- Frühstückskarten, Dessertkarten
- Kinderkarten

Wir verlängern den Sommer

Kulinarischer Ausflug nach Barcelona – genießen Sie typische Spezialitäten

Feldsalat mit Fenchel, Orange, schwarzen Oliven [1] und spanischem Olivenöl	6,50 €
Paprikaschoten in Olivenöl gebraten, mit grobkörnigem Meersalz	4,00 €
Frittierte Kartoffelwürfel mit scharfer Sauce [k,l]	4,00 €
Kroketten mit Miesmuscheln [n], Paprika und gerösteten Mandeln [h]	5,00 €
Möhrensuppe mit Stockfischpüree [c]	5,00 €
Tournedo vom Schwein im Speckmantel, Blauschimmelcreme [g] und Artischocken	8,00 €
Kartoffelkranz mit Blutwurst, Spitzpaprika und Wachtelei [a]	5,00 €
Seeteufelspieß [c] mit Riesengarnelen [e] und Strauchtomaten	8,00 €
Crema Catalana [a,g]	5,00 €

[1] geschwärzt [a] Eier [c] Fisch [e] Krebstiere [g] Milch
[h] Schalenfrüchte (Mandeln) [k] Senf [l] Sellerie [n] Weichtiere

Büfettkarten

Büfetts gibt es zu jeder Tageszeit (Frühstück, Brunch, Mittag, Abendessen) und zu den unterschiedlichsten Themen (Karibik, Silvester, Hochzeit).

Büfettkarten beschreiben das komplette Speisenangebot, aus dem der Gast die für ihn interessanten Speisen auswählen kann. Bei der Gestaltung der Büfettkarten muss somit aufgrund der Vielfältigkeit und Menge des Angebots besonders viel Wert auf die Übersichtlichkeit gelegt werden. In vielen Betrieben ist der Brunch in Form eines Büfetts mit Büfettettkarte organisiert. Diese Karten enthalten oft einen Fixpreis pro Person. Verkaufsbüfetts (z. B. Salatbüfetts, Free-Flow-Büfetts) bieten meistens verschiedene Portionsgrößen zu festen Preisen an.

Menükarten

Menükarten gibt es als reine Speisekarten für Tagesmenüs, Mittagsmenüs oder Abendmenüs. Mittagsmenüs bestehen meist aus drei bis vier Gängen. Abendmenüs bestehen oft aus noch mehr Gängen, da die Gäste am Abend eher bereit sind, länger und mehr zu speisen.

Bei Wahlmenüs haben die Gäste die Möglichkeit, aus mehreren alternativ angebotenen Speisen oder Gängen eine individuelle Auswahl zu treffen.

Menükarten sind oft kombinierte Karten, die Speisen und Getränke enthalten. Klassisch ist das Degustationsmenü. Zu jedem Gang wird in der Menükarte ein Getränk empfohlen.

Auch die Festmenükarte (Hochzeit, Geburtstag etc.) ist in der Regel eine kombinierte Karte. Hier werden meistens keine Preise angegeben, da der Gastgeber das Menü mit dem Gastronomen abstimmt und auch bezahlt. Auch auf die Angabe von Zusatzstoffen und Allergenen wird auf festlichen Karten (siehe rechts) meist verzichtet. Die Informationen müssen aber auf Anforderung schriftlich vorlegbar sein.

Die Menükarte folgt der klassischen Speisefolge.

Menü

Kir Royal
Caipirinha

2012 Maxim Blauwinkel
Riesling, Kabinett, trocken
Winzergenossenschaft Blauwinkel
Mosel

Hausgeräucherte Forelle und Blumenkohl
mit Pinienkernen und grünem Apfel

Kürbiscremesuppe mit Chili-Chesterstange

2011 Spessinger Winkelberg
Spätburgunder, QbA, trocken
Braunsche Gutsverwaltung
Baden

Irisches Bullenfilet in Burgunderjus
mit Kräuterpfifferlingen
Fingermöhren und Kartoffelplätzchen

Zimt-Mandel-Panna-Cotta
mit Zwetschgen-Carpaccio

Ziegler Walnussgeist

Kaffeespezialitäten und feines Gebäck

4.3 Rechtschreibung

Die folgenden Rechtschreibregeln nach dem DUDEN sind mit Bezug zur Schreibung von Speisen formuliert und durch entsprechende Beispiele verdeutlicht. Auf den vorderen Seiten im DUDEN befindet sich das Kapitel „Rechtschreibung und Zeichensetzung“. Dort sind die wichtigsten Regeln formuliert.

Substantive, die mit anderen Substantiven ein neues Wort bilden, werden zusammengeschrieben.

Kartoffelecken
Salatdressing
Eiskaffee

Zusammensetzungen, die als Ganzes einen Eigennamen bilden, werden zusammen geschrieben.

	Nicht:
auf Müllerinart	*auf Müllerin Art*
auf Gärtnerinart	*auf Gärtnerin Art*
auf Försterinart	*auf Försterin Art*

Anstelle von *auf ...art* kann auch *nach ...art* geschrieben werden.
Die GAD empfiehlt folgende Schreibweise:
Nach Art der Müllerin, nach Art der Försterin usw.

Zubereitungsbezeichnungen, die von Orts- oder Ländernamen abgeleitet sind, werden auseinander geschrieben.

auf russische Art
nach norwegischer Art
auf piemontesische Art

Besonderheit bei der Klein- und Großschreibung:

mit der Endung **-ische/-ischer à klein**	mit der Endung **-er à groß**
*italien*ischer *Salat*	*Wien*er *Schnitzel*
*auf norweg*ische *Art*	*nach Norweg*er *Art*
*holländ*ischer *Käse*	*Holländ*er *Käse*
	*Schweiz*er *Wurstsalat*

Nachgestellte Beifügungen (Zubereitungsart) werden durch Kommas abgetrennt.

Seezunge, pochiert
Karpfen, gebacken

Läuft der Text weiter, wie z. B. bei Tageskarten üblich, steht die Zubereitung zwischen Kommas.

Seezunge, pochiert, mit ...
Empfehlenswert ist jedoch folgende Schreibweise:
Pochierte Seezunge mit ...
Gebackener Karpfen mit ...

Bei zeilenweise abgesetzten Aufzählungen steht kein Komma.

Gericht untereinander in Zeilen angeordnet: ohne Komma
Pökelzunge mit Madeirasauce
Butterbohnen
Kartoffelpüree
Kopfsalat

Bei Aufzählungen in einer Zeile stehen Kommas:
Pökelzunge mit Madeirasauce, Butterbohnen, Kartoffelpüree, Kopfsalat

Beilagen, die aus mehreren Stücken bestehen, müssen im Plural stehen.

mit neuen Kartoffeln
mit verschiedenen Gemüsen

mit Steinpilzen
mit frischen Kräutern

Bindestriche können die Lesbarkeit erhöhen, sollten aber sparsam verwendet werden und nur, wenn der DUDEN sie erlaubt.

Fürst-Pückler-Eis

Nussparfait
Nicht: *Nuss-Parfait*

Anführungszeichen unterbleiben bei der Angabe der Zubereitungsart:

Birne Helene
Schnitzel nach Wiener Art
Forelle blau

Nicht:
Birne „Helene“
Schnitzel nach „Wiener Art“
Forelle „blau“

Auch bei Zubereitungen, die nach Personen benannt sind, unterbleiben die Anführungszeichen.

Es wird empfohlen GROSSBUCHSTABEN und/oder *Kursivschrift* zu verwenden, z. B. Tournedos *ROSSINI*, Tournedos *Rossini*.

4.4 Sprachform und Sprachstil

Im Umgang mit der Sprache auf Speisekarten haben sich bestimmte Regeln herausgebildet.

Reihenfolge der Bestandteile eines Gerichts

Hauptrohstoff	*Rehrücken*
Besondere Zubereitungsart	*gespickt (gebraten)*
Garnitur	*nach Waidmannsart*
Sauce	*Wacholderrahmsauce*
Gemüsebeilage	*Rosenkohl*
Sättigungsbeilage	*Kartoffelkroketten*
Kalte Beilagen (und Salate)	*Apfelkompott*

Sind im Menü Pilze verarbeitet, werden diese meist vor der Sauce genannt:
Kalbsrücken mit Wiesenchampignons, Rieslingrahm,
glasierte Möhren und Herzoginkartoffeln

Wird eine Hauptkomponente auf einer Zutat angerichtet, ändert sich die Reihenfolge:
Gebratenes Doradenfilet auf Fenchel-Paprika-Gemüse,
Balsamicoreduktion und Wildreis

Zur Information der Gäste sollen Gerichte oder Garnituren, die nicht allgemein bekannt sind, erläutert werden. Beispiele:

Rehmedaillons Romanow
Kurz gebratenes zartes Fleisch vom Reh mit Steinpilzen,
gedünsteten Gurkenstücken und Sahnesauce

Tafelspitz flämische Art
Gekochtes Rindfleisch mit gefüllten Kohlköpfchen, Möhren,
weißen Rüben und Salzkartoffeln

Bei der Darstellung in mehreren Zeilen entfallen Binde- und Verhältniswörter, es wird meist mittig oder zentriert geschrieben.

Zeilenschreibweise:
Rehrücken mit Rahmsauce und Rosenkohl dazu Kartoffelklöße

Linksbündig:	Auf Mitte gestellt/zentriert:
Rehrücken	*Rehrücken*
Wacholderrahmsauce	*Wacholderrahmsauce*
Rosenkohl mit Schinkenwürfeln	*Rosenkohl mit Schinkenwürfeln*
Kartoffelklöße	*Kartoffelklöße*

Abkürzungen vermeiden

Mitunter werden insbesondere auf Tageskarten Abkürzungen gebraucht, um zum Beispiel ein Gericht vollständig in einer Zeile unterzubringen. Das macht die Karte wenig attraktiv und ist teilweise unverständlich.

	Nicht:
Frikassee vom Huhn mit Reis	*Frikassee v. Huhn m. Reis*
Rinderfilet mit gedünstetem	*Rinderfilet m. ged. Gemüse u.*
Gemüse und Bratkartoffeln	*Bratkartoffeln*
Gemischter Salat	*gem. Salat*

Sprachen nicht vermischen

Der Ursprung der Küchenfachsprache und damit die Benennung der Speisen liegt im Französischen. Im Laufe der Zeit werden immer mehr Begriffe **eingedeutscht**. Dann sind diese auch in der deutschen Form zu verwenden.

	Nicht:
Frikassee	*Fricassée*
Kartoffelkroketten	*Kartoffelkroquetten*
Gulasch	*Goulasch*
Kotelett	*Cotelette*

Die eingedeutschten Begriffe werden ohne Akzent geschrieben.

Französisch oder Deutsch – Sauce oder Soße?

In der gewerblichen Küche wird vielfach die französische Schreibweise *Sauce* verwendet. Der DUDEN zählt die *Sauce* zu den eingedeutschten Wörtern und lässt daher diese Schreibweise neben der *Soße* zu. Dies gilt auch für Zusammensetzungen wie Tomatensauce.

Auch für das Büfett erlaubt der DUDEN zwei Schreibweisen:
Büfett und *Buffet*

Unbewusst und weil Rezepte oft noch so bezeichnet sind, werden manchmal bei bestimmten Zubereitungen die französischen Begriffe verwendet. Das führt zu **Sprachvermischungen**. Französische Begriffe sollten in einer deutschen Speisekarte möglichst vermieden werden.

	Nicht:
Forelle nach Müllerinart	*Forelle à la meunière*
Gebackener Kalbskopf mit Remouladensauce	*Kalbskopf, gebacken, mit Sauce Remoulade*

Es gibt fremdsprachliche Begriffe ohne deutsche Entsprechung, wie z. B. Omelett, Tapas, Carpaccio, Filet, Medaillon, Porterhousesteak, Chateaubriand, Chips, Parfait, Pommes frites, Crêpes Suzette, Crème brûlée. Diese werden nicht verändert.

Bei fremdsprachlichen Begriffen darauf achten, dass die Akzente, Zirkumflexe, Tilden usw. richtig gesetzt sind.

Genaue Benennung statt Sammelbezeichnung

Je genauer eine Speisenkomponente auf der Karte bezeichnet ist, desto stärker weckt sie die Vorstellungen des Gasts.

	Nicht nur:
Kartoffelknödel	*Knödel*
Semmelknödel	
Serviettenknödel	
Braten vom Kalbsrücken	*Kalbsbraten*
Glasierte Kalbsnuss	

Korrekte Zuordnung

Adjektive müssen passend eingesetzt werden, damit sie für die gewünschte Aussage sorgen.

	Nicht:
Salat von frischen Früchten	*Frischer Fruchtsalat*
Cremesuppe von frischen Artischocken	*Frische Artischockensuppe mit Sahne*

Keine halben Portionen

Selbstverständlich ist es sinnvoll, *kleine* oder *leichte Gerichte* anzubieten oder etwas *für den kleinen Hunger.*

Nur sollten derartige Angebote nicht als halbe Portion bezeichnet werden, denn mit *halbe Portion* wird *halber Preis* verbunden.

Vermeidung der Kulinariksprache

Wenn Speisekarten besonders werbewirksam gestaltet werden, geht die Kreativität manchmal besondere Wege. Dann werden aus Werbegründen Fachbegriffe zum Teil beliebig verwendet. Dabei ist darauf zu achten, dass Übertreibungen vermieden werden und dass mit der kreativen Beschreibung noch etwas verbunden werden kann.

Zweifelhafte Benennungen

Espresso von Steinpilzen – Besteht Espresso nicht aus Kaffeebohnen?
Savarin von Scampi – Ist nicht Savarin ein Hefeteig in Förmchen?
Kartoffelblini – Gehört in einen Blini nicht Buchweizen?

Bei Wendungen dieser Art wird nur die Form der Zubereitung (Stollen, Savarin) berücksichtigt, nicht aber die mit den Begriffen herkömmlich verbundenen Rohstoffe und Produktionsverfahren. Das ist nicht kreativ, sondern eine Verfälschung der Fachsprache.

Zu berücksichtigen ist allerdings, dass viele Gäste bei diesen Benennungen genaue – den Tatsachen entsprechende – Vorstellungen von dem Gericht haben. Daher ist von Fall zu Fall zu entscheiden, ob das Gericht in der Fachsprache oder in der umgangssprachlichen Version angeboten werden sollte. Beispiel:
Carpaccio
Ursprünglich dünne Scheiben nur von rohem Rinderfilet.
Heute allgemein verwendet für in dünne Scheiben Aufgeschnittenes, z. B. *Carpaccio vom Steinbutt* oder *Carpaccio von der Ananas*

Falscher Gebrauch von Verhältniswörtern/Präpositionen

Wird ein *Schnitzel an Jägersauce* angeboten, so stimmt etwas nicht. Die Hauptsache, das *Jägerschnitzel,* wird sinnvoll nur zusammen *mit* der Sauce angeboten.
Grundsatz: Hauptsache *mit* Beigabe.

	Nicht:
Fleisch mit Sauce und Kartoffeln	*Fleisch an Sauce auf Kartoffeln*

Unangebrachte Verniedlichung/Verkleinerung
Es ergibt keinen Sinn, wenn
aus einer Suppe ein Süppchen,
aus einer Sauce ein Sößchen und
aus der Nudel ein Nüdelchen wird.
Verkleinerungsformen mit *-chen* sind nur dort zu verwenden, wo es sachlich und sprachlich sinnvoll ist.

Verwendung von Begriffen aus anderen Sachgebieten
Bisweilen werden Begriffe aus fremden Sachgebieten mit der Benennung oder Anpreisung von Zubereitungen in Verbindung gebracht.
Beispiele: *Dialog von Salaten, Duett mit Salaten, Sinfonie von Salaten*
Das Lexikon versteht unter:
Dialog: Gespräch zwischen zwei oder mehr Personen
Duett: zweistimmiger musikalischer Vortrag
Sinfonie: mehrstimmiger musikalischer Vortrag, Zusammenklang

Verwendung von Mundart
Mundartliche Bezeichnungen sind eher sparsam zu verwenden und nur, wenn die Regionalität und der Charakter des Betriebs dies zulassen.
Beispiel: Obatzda im Biergarten

Internationale Bezeichnungen für Speisen
Carpaccio: Neben der klassischen italienischen Vorspeise aus rohem Rinderfilet, wird dieser Begriff auch als Synonym für die Zubereitungsart anderer Rohstoffe verwendet, wenn sie hauchdünn geschnitten sind.
Ceviche: Gericht aus Südamerika; in der Regel Fisch, der roh gewürfelt mit Zitronensaft mariniert ist.
Fingerfood: Speisen, die mit den Fingern und nicht mit Besteck verzehrt werden.
Gratin/gratiniert: Mit Käse überbackene Speise.
Sandwich: Belegtes Brot oder Brötchen.
Street Food: Speisen, die von einem Verkaufsstand (meist fahrbar) sofort und oft ohne Besteck verzehrt werden können.
Tapas: Kleine Appetithappen; in Spanien werden sie meist in Tapas-Bars und Bodegas verzehrt.
Tosta: Geröstete Scheibe Weißbrot, meist so zusammengeklappt, dass die offene Seite ohne Rinde die Füllung erkennen lässt. Oft herzhaft, aber auch süß gefüllt.

5 Getränkekarten

5.1 Fachliche Gliederung

Jeder Gast soll sich in einer Getränkekarte leicht orientieren können. Eine klare Zusammenfassung der einzelnen Getränke zu Getränkegruppen stellt dies sicher. Die Getränkekarte informiert über:

- Art des Getränks
- Angebotsform (Flasche, Glas, Becher, Fassbier; bei Heißgetränken Tassen, Gläser oder Kännchen)
- Ausschankmenge (Liter- bzw. Zentiliterangabe)
- Preis

Auch Getränkekarten können mit Informationen, Anekdoten oder Zeichnungen interessant gestaltet werden.

Klassische Getränkekarte

In den meisten Betrieben gibt es eine klassische Getränkekarte, die das komplette Getränkeangebot enthält. Hier ist ein übersichtlicher Aufbau wichtig und somit werden einzelne Getränkegruppen getrennt aufgeführt, z. B.:

- alkoholfreie Getränke
- Heißgetränke
- Biere
- Schaumweine
- Weine
- Mischgetränke
- Aperitifs
- Digestifs
- Spirituosen
- Cocktails

Angebotskarten für Aufgussgetränke

Aufgussgetränke werden häufig in besonderen Karten angeboten.

Gliederung für Angebotskarten für Aufgussgetränke:

- warme Aufgussgetränke ohne Alkohol
- warme Aufgussgetränke mit Alkohol
- kalte Aufgussgetränke ohne Alkohol
- kalte Aufgussgetränke mit Alkohol

Erläuterungen für Aufgussgetränke:

- Warenbezeichnung
- Portionsgröße (z. B. Tasse, Glas, small, tall)
- Unterteilung der Getränke für den Sofortverzehr und To-go-Bereich

Afternoon Tea

Zu unserer Teeauswahl empfehlen wir Ihnen hausgemachte Snacks:
traditionelle Sandwiches[a,d,g,3,7,]
englische Scones[d,g] mit Clotted Cream[g]
köstliche Petits Fours[a,d,g,1,7]
Auswahl auf einer Etagere angerichtet 24,00 €

Unser Teeangebot:

Kännchen Tee klein (0,3 l) 5,50 € groß (0,5 l) 8,00 €

Golden Assam
Großblättriger indischer Tee mit einer sensiblen Kakaonote

Classic Chai[g]
Exotisch gewürzter Milchtee: Ein schwarzer Tee mit Zimt, Fenchel, Ingwer, schwarzem Pfeffer und Nelke

Splendid Earl-Grey
Indischer Darjeeling, verbunden mit kostbarem Bergamotte-Aroma

Milky Oolong[g]
Chinesischer, halbfermentierter Tee, mit Milchwasser bedampfte Teeblätter

China Green Dragon
Feinherber, erfrischender grüner Tee aus den ersten Blattknospen

Morgenröte[h]
Japanischer Sencha mit fein fruchtigen Aromen und Blüten von Kornblumen, Rosenblättern und Sonnenblumen

Die Liste der **Zusatzstoffe und Allergene** finden Sie **auf der letzten Seite** der **Angebotskarte**

Die Teekarte

Sie kann wie folgt aufgebaut werden:

- nach Anbauländern mit Anbaugebieten
- Blatt Tees, Broken Tees und Fannings
- Teemischungen
- aromatisierte Tees
- Früchte- und Kräutertees

Die Weinkarte

Bei einem umfangreichen Weinangebot ist es sinnvoll, eine gesonderte Weinkarte anzubieten. Dabei ist die Gästezielgruppe zu beachten und das Weinangebot an das Speisenangebot anzupassen.

Gliederung für Weinkarten:

- offene Weine vor Flaschenweinen
- inländische Weine vor ausländischen Weinen
- Weißweine vor Rosé- und Rotweinen
- einfache Weine (Qualitätsstufen) vor gehobenen Qualitäten

Die Bierkarte

Allerneuster Trend ist die Bierkarte. Insbesondere durch das große Angebot an Craft-Bieren ist Bier zu einem Lifestyle-Getränk geworden. Neben den geschmacklichen Typisierungen der einzelnen Biere gibt die Bierkarte Verkostungstipps, Verzehrempfehlungen und unterhaltsames Wissen rund um das Thema Bier. Der Genuss und das „Erleben" des Getränks Bier stehen im Vordergrund.

Eine übliche Gliederung für Bierangebote ist:

- Herkunftsland
- Bezeichnung des Biers
- Stammwürzgehalt und/oder Alkoholgehalt und/oder IBU (International Bitterness Units)

Bei Bierkarten (siehe Seite 40) ist auf die Allergenkennzeichnung *Weizen (Gluten)* und *Weizen (Gerste)* zu achten.

Leichte Sommer-Weine aus Deutschland

Weißweine

2013 Kleine Sünde*
Sauvignon/Rivaner, trocken
geschützte Ursprungsbezeichnung
Peter Bruus
Pfalz — 0,1 l — 8,00 €

2012 Maxim Blauwinkel*
Riesling, Kabinett, trocken
Winzergenossenschaft Blauwinkel
Mosel — 0,1 l — 9,00 €

2011 Berg Schlossgarten*
Riesling, QbA, halbtrocken
Andrea Riegels
Rheingau — 0,1 l — 9,50 €

Rotweine

2012 Ungestüm*
Cuvée, trocken
geschützte geografische Angabe
Franz von Greifenstatt
Rheinhessen — 0,1 l — 6,50 €

2011 Spessinger Winkelberg
Spätburgunder, QbA, trocken
Braunsche Gutsverwaltung
Baden — 0,1 l — 8,00 €

2009 Der schwarze Tiger*
Lemberger, QbA, lieblich
Dr. Heinze
Württemberg — 0,1 l — 10,50 €

*enthält Sulfite

Bier erleben – unsere Craft-Bier Spezialitäten

Fassbiere:

Müllers Weiße, DOBO 5 Gluten (Gerste, Weizen)
8,2 %vol, 18,5 %STW
Weizendoppelbock, Noten von reifer Banane, Pflaumen
und getrockneten Rosinen treffen auf Lakritze 0,3 l 3,60 €
0,5 l 5,50 €

Sengenborger Schwarzbier Gluten (Weizen)
4,8 %vol, 11,4 STW
Feines Malzaroma mit spritzig-elegantem Charakter 0,3 l 3,60 €
0,5 l 5,50 €

Poesgaarden Wit Gluten (Gerste, Weizen)
7,0 %vol, 14,3 %STW
Säuerlich frisches und aromatisches Weizenbier
basierend auf Gerstenmalz und ungemälztem Weizen 0,3 l 3,60 €
0,5 l 5,50 €

Flaschenbiere:

Mühlheimer Bergbock Hell Gluten (Gerste)
6,9 %vol, 16,5 %STW
Glanzklar, kräftig, malzaromatisch 0,5 l 5,30 €

Aufläufer Dunkel Gluten (Gerste)
4,7 %vol, 12,2 %STW
Klassisch fränkisches dunkles Landbier
mit leichtem Haselnussaroma 0,5 l 4,90 €

%vol = Alkoholgehalt. Der Alkoholgehalt gibt den prozentualen Anteil von Ethanol in einer Flüssigkeit an und wird in Volumenprozent angegeben.

STW = Die Stammwürze bezeichnet den gelösten Malzzucker und die Hopfenstoffe in der Würze, die für die Bierherstellung verwendet wird.

Die Barkarte

In der modernen Szene-Gastronomie sind Bargetränke ein wichtiger Umsatzfaktor.

Eine moderne Barkarte besteht nicht nur aus Cocktails und Mischgetränken, sondern auch aus einer angemessenen Auswahl an alkoholischen und nicht alkoholischen Getränken.

Klassischer Aufbau der Barkarte:

- Aperitifs
- Schaumweine
- Likörweine
- Bitters

Gliederung der Mischgetränke, z. B.:

- Shortdrinks
- Longdrinks
- Cocktails
- Fancy Drinks
- Nicht alkoholische Getränke

Gliederung nach Spirituosen, z. B.:

- Drinks mit Tequila
- Drinks mit Rum
- Drinks mit Wodka
- Nicht alkoholische Getränke

Kombination nach Basisspirituosen und Mischgetränkegruppen:

- Cocktails
- Before-Dinner-Cocktails
- After-Dinner-Cocktails
- Mischgetränke mit
  - Rum
  - Gin
  - Wodka
- Liköre
- Weine
- Biere
- Alkoholfreie Getränke
- Heißgetränke

Manchmal werden auch kleine Speisen und Zigarren in der Barkarte angeboten.

5.2 Rechtschreibung

Auch beim Schreiben von Getränkenamen auf der Karte ist zu unterscheiden zwischen den:

- allgemein im DUDEN festgehaltenen Normen zur Rechtschreibung
- Regeln zur Sprachform, die sich herausgebildet haben

Besonders bei Barkarten sind Anglizismen unvermeidlich, da die klassische Barsprache Englisch/Amerikanisch ist.

Bei der Beschreibung einzelner Getränke werden unterschiedliche Kriterien oder Bestandteile/Zutaten beschrieben. Läuft der Text über die gesamte Zeile, wie z. B. bei Barkarten üblich, werden alle Zutaten mit Kommas getrennt.
Beispiel:
ZOMBIE
Rum, Apricot Brandy, Ananaspüree, Lime Juice

Bei zeilenweise abgesetzten Aufzählungen steht kein Komma.
Beispiel:
2014 GAD Grauer Burgunder trocken
Qualitätswein/Gutswein
Weingut Jean Buscher
Rheinhessen

Bei Produktnennungen, z. B. Getränkekreationen, können Bindestriche die Lesbarkeit erhöhen, sollten aber insgesamt sparsam verwendet werden.
Beispiel:
Kaffee-Amaretto-Flip

5.3 Sprachform und Sprachstil

Im Umgang mit der Sprache in Getränkekarten haben sich bestimmte Regeln herausgebildet.

Erläuterungen für Weinangebote:

- Jahrgang
- Bezeichnung/Name des Weins
- Rebsorte bzw. Cuvée
- Qualitätsstufe
- Erzeuger
- Anbaugebiet/Anbauland
- Ausschankmenge
- kurze Beschreibung und Geschmacksangabe
- *enthält Sulfite* oder *enthält Schwefeldioxid*, wenn Schwefeldioxid bzw. Sulfite in einer Konzentration von mehr als 10 mg/l enthalten sind
- *enthält Milch* und/oder *enthält Eier*, wenn die Klärungsmittel Kasein (Milch), Eieralbumin (Eier) und/oder Lysozym (Eier) ab einer Konzentration von 0,25 mg/l enthalten sind
- Preisangabe

(siehe Kapitel 5.1)

Fachliche Reihenfolge der Getränkezubereitung/Ingredienzien

Wichtig für eine Barkarte ist die genaue Angebotsbezeichnung. Besonders bei Mischgetränken wird der Gast über Produktbezeichnung und Zusammensetzung des Getränks informiert.
Beispiele:
LONG ISLAND ICE TEA
Gin, weißer Rum, Tequila, Wodka, Triple Sec, Cola, Zitrone

BLUE SKY
Blue Curaçao, Cointreau, Limettensaft und Bitter Lemon

COSMOPOLITAN
Wodka, Triple Sec, Cranberrysaft und Limettensaft

VIRGIN TWIST
Maracuja, Ananas, Orange, Grenadine

6 Rechtliche Vorschriften für Angebotskarten

Aus Sicht des Verbraucherschutzes soll der Gast durch die Angebotskarte in die Lage versetzt werden, eine aufgeklärte Entscheidung über seine Bestellung zu treffen. Deshalb gelten gesetzliche Mindestanforderungen für die Informationen, die auf allen Angebotsmedien enthalten sein müssen. Hinzu kommen Vorschriften zur Art und Weise der Information.

Die Vorgaben betreffen die Bezeichnung, die Preisauszeichnung und die Kennzeichnung der Angebote in Speise- und Getränkekarten.

> Leitsatz: Angebotskarten sind nach dem Gebot der Wahrheit und Klarheit zu gestalten.

6.1 Bezeichnung des Angebots

Das Lebensmittel-, Bedarfsgegenstände- und Futtermittelgesetzbuch (LFGB) schützt den Verbraucher sowohl vor Gesundheitsschäden als auch vor Täuschung. Lebensmittel dürfen daher insbesondere nicht unter einer irreführenden Bezeichnung in den Verkehr gebracht werden.

> Was in der Karte steht, muss auch stimmen.

Maßstab für die Bezeichnung eines Angebots ist die allgemeine Verkehrsauffassung/Verbrauchererwartung. Diese kann im Einzelfall sehr schwer festzustellen sein. Bestimmte Bezeichnungen sind festgelegt, z. B. *Prädikatsstufen* und *Anbaugebiete* durch das Weingesetz oder die Bedeutung des *deutschen Reinheitsgebots* durch die Bierverordnung. Andere können unterschiedlich verstanden werden.

In den **Leitsätzen des Deutschen Lebensmittelbuchs** werden die Herstellung und Beschaffenheit hunderter Lebensmittel beschrieben. Daran hat sich der Gastronom bei der Formulierung seiner Angebotskarte zu orientieren. Die Leitsätze sind vollständig auf der Webseite des Bundesverbraucherschutzministeriums zu finden:
www.bmel.de

Beispiele aus den Leitsätzen:

- Ein *Wiener Schnitzel* ist ein paniertes Kalbsschnitzel. Wird ein Schweineschnitzel angeboten, ist die richtige Bezeichnung *Schnitzel nach Wiener Art*.
- *Kirschsaft* ist ein Fruchtsaft aus Sauerkirschen.
- *Alkoholfreies Bier* darf bis zu 0,5 %vol. Alkohol enthalten.
- *Geflügelsalat* muss mindestens 25 % Geflügelfleisch enthalten.
- Ein *Filet* ohne Angabe der Tierart stammt vom Rind. Putenfilet, Schweinefilet etc. sind als solche zu benennen.
- Ein *Hamburger* enthält im Fleischanteil außer Rindfleisch und ggf. Salz und Gewürzen keine weiteren Zutaten.

Echtheit von Abbildungen

Der Begriff *artgerechte Tierhaltung* ist nicht gesetzlich definiert und nicht besonders geschützt. Wird aber z. B. in der Speisekarte darauf hingewiesen und dazu ein Foto von der Kuhweide des Lieferanten XY abgebildet, dann müssen Bild und Lieferant echt sein und bei der Haltung auf angeborene Verhaltensweisen der Tiere Rücksicht genommen werden.

6.2 Preisauszeichnung

Bei der Preisauszeichnung muss sichergestellt werden, dass der Gast die tatsächlichen Kosten ohne besondere Erschwernisse erkennen und vergleichen kann. Geregelt ist dies in der Preisangabenverordnung (PAngV).

Speise- und Getränkekarten	Die Preise müssen in Preisverzeichnissen angegeben werden. Diese müssen entweder ▪ auf Tischen ausgelegt (mindestens eine Speisekarte pro Tisch) oder ▪ jedem Gast vor Entgegennahme der Bestellung und auf Verlangen bei der Abrechnung vorgelegt oder ▪ gut lesbar angebracht werden (z. B. auf Tafeln, Displays). Es müssen **alle** Speisen und Getränke aufgeführt sein. Es können einheitliche Karten oder auch gesonderte Verzeichnisse wie Menükarte, Weinkarte, Dessertkarte, Aktionskarte verwendet werden. Gehen Speisen oder Getränke aus, müssen sie gestrichen werden.
Selbst-bedienung	Wenn Speisen und Getränke in Schaukästen oder Verkaufsständen sichtbar ausgestellt werden oder wenn sie vom Gast selbst entnommen werden können, müssen sie durch **Preisschilder oder Beschriftung direkt an der Ware** ausgezeichnet werden.

Eingang der Gaststätte	Zusätzlich ist am Eingang ein Preisverzeichnis anzubringen, aus dem die **wesentlichen** angebotenen Speisen und Getränke ersichtlich sind. Der Aushang, z. B. in einem **Schaukasten**, muss unmittelbar neben dem Eingang angebracht sein. Wird er zerstört, muss ein Provisorium angebracht werden. Der Aushang muss gut lesbar und leicht verständlich sein.
Endpreis	Es muss ein Endpreis (= Inklusivpreis) angegeben werden, in dem die jeweils zu zahlende **Umsatzsteuer,** aber auch Bedienungsgeld, Gedecke oder Zuschläge für Musik, Heizung etc. enthalten sind. Wenn es ein **Eintrittsgeld** oder einen **Mindestverzehr** gibt, ist dies anzugeben. Bei der Abgabe von **loser Ware** genügt die Angabe des **Grundpreises**, auch wenn der Gast erst an der Kasse den Endbetrag erfährt.
Grundpreis	Wenn Ware **nach Gewicht** berechnet wird, so muss der Grundpreis (z. B. 1,20 €/100 g beim Salat an der Salatbar) angegeben werden.
Bezeichnung und Menge	Soweit es der allgemeinen Verkehrsauffassung entspricht, sind die **Verkaufseinheit** und die **Gütebezeichnung** anzugeben. Hierzu gehören insbesondere: ▪ genaue Produktbezeichnung ▪ Menge angeben, wo vorgeschrieben oder üblich, z. B. Glas Bier 0,3 l; Rumpsteak 200 g; 6 Weinbergschnecken; ausgenommen sind Mixgetränke ▪ Angabe *Preis nach Gewicht*, z. B. bei Fisch oder Fleisch, ist nicht zulässig, es muss nach Preis je 100 g angegeben werden. ▪ Angabe kleine Portion/große Portion ist möglich

6.3 Kennzeichnung von Zusatzstoffen und Inhaltsstoffen

Vom Gastronomen sind Vorschriften zur Kennzeichnung von Zusatzstoffen zu beachten. Zusatzstoffe dürfen nur eingesetzt werden, wenn sie gesetzlich zugelassen sind.

Die Kenntlichmachung von Zusatzstoffen erfolgt im Restaurant in der Speise- und Getränkekarte, in Imbissbetrieben über entsprechende Tafeln oder Aushänge. Sie kann auch über Fußnoten (z. B. Kennziffern an der einzelnen Speise mit Erläuterung am Ende der Seite oder der Angebotskarte) stattfinden.

Lose Ware (z. B. auf Büfetts) kann über Schilder gekennzeichnet werden. Die Schrift muss gut sichtbar, leicht lesbar und unverwischbar sein. Die Zusatzstoffe müssen den einzelnen Speisen oder Getränken eindeutig zugeordnet werden können. Die Kennzeichnungspflicht besteht auch für Wochenkarten, Tageskarten und Frühstückskarten. Wenn die technologische Wirkung des Zusatzstoffs im Endprodukt nicht mehr vorhanden ist, muss er ausnahmsweise nicht gekennzeichnet werden.

Vielfach werden Produkte mit Zusatzstoffen von gesundheitsbewussten Gästen als minderwertig angesehen. Will der Gastronom Kennzeichnungen vermeiden, kann er auf Produkte ohne Zusatzstoffe ausweichen (sogenannte *Clean Label Produkte*). Empfehlenswert ist in diesem Zusammenhang z. B. der Verzicht auf den Einsatz von Convenience-Produkten.

Informationen über Zusatzstoffe sind beispielsweise unter folgenden Internetadressen zu finden:

www.zusatzstoffe-online.de *www.das-ist-drin.de*

E-Nummern

Zugelassene Lebensmittelzusatzstoffe werden in Europa mit sogenannten E-Nummern bezeichnet. Das *E* steht dabei für Europa. Ascorbinsäure (Vitamin C) heißt z. B. *E 300*.

Stoff	Kennzeichnung	Beispiele
E 100–E 180	[1] mit Farbstoff	Eis, Käse, Liköre
E 200–E 285, E 1105	[2] mit Konservierungsstoff, konserviert, bei Fleisch auch: mit Nitrat/mit Nitritpökelsalz	Backwaren, Salatsaucen, Fruchtjoghurt, Limonaden
E 220–E 228	[3] mit Antioxidationsmittel	Margarine, Eis
E 620–E 635	[4] mit Geschmacksverstärker	Fertiggerichte, Saucen
E 220–E 224, E 226–E 228	[5] geschwefelt	Trockenfrüchte
E 579, E 585	[6] geschwärzt	Oliven
E 338–E 341, E 450–E 452	[7] mit Phosphat	Fleischwaren, Wurstwaren
E 420, 421, E 950–E 955, E 957, E 959, E 962, E 965–E 967	[8] mit Süßungsmittel	Lightprodukte, Süßwaren
E 420, E 421, E 953, E 955–967	[9] kann bei übermäßigem Verzehr abführend wirken	Lightprodukte, Süßwaren
E 951, E 962 (Aspartam)	[10] enthält eine Phenylalaninquelle	Lightprodukte, Süßwaren
Süßungsmittel und Zucker	[11] mit einer Zuckerart und Süßungsmittel	Süßspeisen, Aufstrich
E 901–E 904, E 912, E 914	[12] gewachst	Schale von Zitrusfrüchten
E 102, E 104, E 110, E 122, E 124, E 129	[13] kann Aktivität und Aufmerksamkeit bei Kindern beeinträchtigen (und Bezeichnung des Farbstoffs/der E-Nummer)	Süßigkeiten, Getränke
Milcheiweiß	[14] mit Milcheiweiß	Milchprodukte, Wurstwaren
Koffein	[15] koffeinhaltig (nicht bei Kaffee und Tee)	Cola-Getränke
Koffein (> 150 mg/l)	[16] erhöhter Koffeingehalt, für Kinder und schwangere oder stillende Frauen nicht empfohlen (zusätzlich Angabe der Menge in mg/100 ml)	Energy-Drinks
Chinin	[17] chininhaltig	Getränke

Kennzeichnung von koffeinhaltigen Erfrischungsgetränken

Ein Koffeingehalt von über 150 mg/l in Erfrischungsgetränken muss mit der genauen Mengenangabe gekennzeichnet werden. Dies gilt nicht für Kaffee, Tee und Colagetränken, wenn die Worte *Kaffee* oder *Tee* in der Verkehrsbezeichnung enthalten sind wie z. B. bei *Eistee*.
Energy-Drinks sind beispielsweise entsprechend zu kennzeichnen:
erhöhter Koffeingehalt (25 mg/100 ml)

Kennzeichnung von Allergenen

Nach der EU-Lebensmittelinformations-Verordnung müssen auch bei loser Ware in Restaurants Informationen über Allergien oder Unverträglichkeiten auslösende Zutaten und Verarbeitungshilfsstoffe gegeben werden. Die Information kann schriftlich, elektronisch oder mündlich stattfinden. Für Nachfragen muss immer eine schriftliche Dokumentation vorhanden sein.
In der Speisekarte kann z. B. mit folgenden Satz darauf hingewiesen werden:

Lieber Gast, sprechen Sie bitte unser Servicepersonal an, wenn Sie Informationen über die in den Speisen enthaltenen Allergene wünschen. Wir beraten Sie gerne.

Es gibt zurzeit 14 kennzeichnungspflichtige Allergene nach EU-Recht. Sie können mit frei wählbaren Symbolen (siehe unten), Zahlen oder Buchstaben (siehe unten und rechts) gekennzeichnet werden.

Mögliche Kennzeichnung der Allergene mit Symbolen oder Buchstaben		
[a] Eier	[f] Lupine	[j] Sesam
[b] Erdnüsse	[g] Milch	[k] Senf
[c] Fisch	[h] Schalenfrüchte	[l] Sellerie
[d] glutenhaltiges Getreide	[i] Schwefeldioxid und Sulfite	[m] Soja
[e] Krebstiere		[n] Weichtiere

Die Kennzeichnungspflicht gilt jeweils auch für Komponenten, die aus den jeweiligen Lebensmittelgruppen hergestellt wurden, also z. B. nicht nur für Fisch, sondern auch für Fischerzeugnisse und bei Milch und Milcherzeugnissen zusätzlich für Laktose.

Diese Inhaltsstoffe können schon in kleinsten Mengen bei allergisch reagierenden Menschen Symptome auslösen wie Schnupfen, Hautausschläge, Atemnot. Um den Gast präzise zu informieren, müssen Allergene so genau wie möglich genannt werden. Also z. B. nicht nur

enthält Schalenfrüchte sondern *enthält Schalenfrüchte (Mandeln)*

enthält Gluten sondern *enthält Gluten (Weizen)*

Die Vorschriften gelten auch für Getränke, die als lose Ware abgegeben werden und für den offenen Ausschank von Wein, aromatisierten Weinerzeugnissen und weinhaltigen Getränken. Bei geschlossenen Weinflaschen wird davon ausgegangen, dass sie präsentiert werden.

Der Hinweis auf die Kennzeichnung der Zusatzstoffe und Allergene am Ende einer Angebotskarte kann z. B. wie folgt aussehen.

Die Lebensmittelinformations-Verordnung (LMIV) schreibt vor, dass wir unsere Gäste auf Allergene und Zusatzstoffe hinweisen. Aus diesem Grund stehen hinter unseren Speisen und Getränken Zahlen für Zusatzstoffe und Buchstaben für Allergene.

Speisen und Getränke mit folgenden Zahlen oder Buchstaben enthalten:

Zusatzstoffe
1 = Farbstoff
2 = Konservierungsstoff
3 = Schwefeldioxid
4 = Koffeinhaltig
5 = Chininhaltig

Allergene
a = Eier und daraus gewonnene Erzeugnisse
b = Erdnüsse und daraus gewonnene Erzeugnisse
c = Fische und daraus gewonnene Erzeugnisse
d = Glutenhaltiges Getreide und daraus hergestellte Erzeugnisse
e = Krebstiere und daraus gewonnene Erzeugnisse

Kennzeichnung von Spuren

Eine Kennzeichnung von enthaltenen Spuren und Kreuzkontaminationen in Speisen ist ebenfalls freiwillig. Sie kann z.B. durch folgenden Zusatz erfolgen:

Unsere Speisen können Spuren von Nüssen und Sesam enthalten.

Alternativ kann wie folgt darauf hingewiesen werden:

Unsere Informationen über die Allergene beruhen auf den Angaben der Hersteller und Lieferanten der Zutaten. Auch bei noch so sorgfältiger Verarbeitung können wir nicht garantieren, dass in den Speisen neben den gekennzeichneten noch weitere Inhaltsstoffe oder Spuren davon enthalten sind.

Kennzeichnung weiterer Inhaltsstoffe

Für Menschen, die unter einer Lebensmittelintoleranz oder Lebensmittelunverträglichkeit leiden, sind z.B. Hinweise auf den Gehalt von Fructose und Histamin hilfreich. Diese Angaben sind jedoch nicht vorgeschrieben.

Insbesondere im Hinblick auf Kinder als Gäste, sollte ein Hinweis erfolgen, wenn Gerichte Alkohol enthalten.

Die Angabe von Broteinheiten (BE) bzw. Kohlenhydrateinheiten (KHE) erleichtert Diabetikern die Essenauswahl, ist jedoch auf Speisekarten der Gastronomie eher unüblich.

Der Gastronom hat die Möglichkeit, die Gerichte und Getränke auf der Angebotskarte für bestimmte Verbraucherkreise zu kennzeichnen. So ist es zulässig, die Speisen z.B. als vegetarisch, koscher oder halal zu kennzeichnen. Diese Bezeichnungen erleichtern Gästen, die aufgrund religiöser oder ethischer Gründe eine bestimmt Ernährung bevorzugen, die Speisen- und Getränkeauswahl. Die Kennzeichnung ist nicht gesetzlich geregelt.

Vegetarische und vegane Angebote

Der Verweis auf vegetarische bzw. vegane Speisen erscheint in vielen Speisekarten oder die Gerichte erhalten sogar eine Extrarubrik in der Speisekarte. Diese Ernährungsformen liegen im Moment im Trend. Daher sollte es in jeder Karte ein Angebot für diese Gäste geben.

Es werden drei Ernährungsformen unterschieden:

- ovo-lacto-vegetabile Speisen (Gemüse, Obst, Milch und Milchprodukte, Eier)
- lacto-vegetabile Speisen (Gemüse, Obst, Milch und Milchprodukte)
- vegane Speisen (Gemüse, Obst)

Schutz vor Täuschung bei Fleischerzeugnissen
Sind Fleischerzeugnisse mit Stärke, Eiklar, Sojaeiweiß, Milcheiweiß, Milch oder Sahne hergestellt, ist dies zu kennzeichnen.
Beispiel:
mit Milcheiweiß, unter Verwendung von Sahne

6.4 Weitere Kennzeichnungsvorschriften

Da sich immer mehr Gäste genaue Informationen über Lebensmittel und Speisen wünschen, machen viele Gastronomen zusätzliche Angaben.

Bioprodukte

Wer in der Gastronomie *Bioprodukte* anbieten und in der Karte als solche bezeichnen will, muss zuvor eine Zertifizierung nach dem Ökokennzeichnungsgesetz durchführen. Um ein Gericht oder ein Menü als *Bio* oder *Öko* bezeichnen zu dürfen, müssen alle Bestandteile die Anforderungen erfüllen. Auf der Angebotskarte muss die Codenummer der Öko-Kontrollstelle genannt werden.
Bei Speisen, die als Bio-Produkt bezeichnet werden, müssen mindestens 95 % der Zutaten aus ökologischem Anbau stammen.

Beim Umfang des Bio-Angebots werden drei Arten unterschieden:
- **Bio-Gerichte,** z. B. *Bio-Lasagne, Bio-Kartoffelgratin*
- **Bio-Komponenten,** bestimmte Beilagen wie Reis, grüne Bohnen, aber auch Hauptkomponenten wie Putenbrust oder Forellen. Sie werden z. B. gekennzeichnet mit Hinweisen wie
  Wir verwenden ausschließlich Kartoffeln aus ökologischem Anbau.
  oder
  Fleisch von Kälbern aus ökologischer Aufzucht.
- **Bio-Zutaten,** z. B. Gewürze, Brühe

Gentechnisch veränderte Produkte und bestrahlte Produkte

Gentechnik-Produkte müssen mit einem der folgenden Zusätze gekennzeichnet werden:
- *gentechnisch verändert* oder
- *aus gentechnisch verändertem XY hergestellt* oder
- *enthält gentechnisch veränderte XY*

Unter sehr strengen Voraussetzungen ist auch eine Kennzeichnung *ohne Gentechnik* möglich.

Die Verwendung bestrahlter getrockneter Kräuter oder Gewürze muss gekennzeichnet werden mit
bestrahlt oder *mit ionisierenden Strahlen behandelt.*

Regionale Produkte

Gäste schätzen es, wenn Rohstoffe aus der Region verarbeitet werden und z. B. auf der Speisekarte vermerkt ist, von welchen Lieferanten die wesentlichen Lebensmittel stammen.

Bei Bezeichnungen wie

- *aus unserer Region,*
- *von hier,*
- *hergestellt aus heimischem ...*

ist jedoch nicht eindeutig festgelegt, wofür sie stehen. Die EU arbeitet an einem einheitlichen Regionalsiegel. Auch in Deutschland gibt es verschiedene Regionalsiegel. Werden konkrete Angaben gemacht, z. B. *Gemüse aus der Mark Brandenburg, Wir verwenden nur Ostseefisch,* müssen diese wahr und nachprüfbar sein.

Imitate

Werden Formfleisch, Käseimitate oder andere Ersatzprodukte verwendet, so müssen sie gekennzeichnet werden.
Beispiele:
Cordon bleu mit Formfleischschinken
Pizza mit einem Belag aus Pflanzenfett

Bei der Bezeichnung *Käse-Schinken-Pastete* kann der Gast davon ausgehen, dass tatsächlich Käse und Schinken verwendet wurden. Bei einem *Salat mit Feta* muss dem Gast ein Käse aus Schafsmilch oder Schafs- und Ziegenmilch serviert werden. Enthält der Käse Kuhmilch, sind z. B. folgende Bezeichnungen möglich: *Weichkäse nach griechischer Art*, *Weißkäse* oder *Weichkäse*. Fisch- und Krebsfleischimitate, z. B. Lachsersatz und Surimi, sind ebenfalls auf der Karte zu kennzeichnen.

Gesundheitsbezogene Angaben

Verboten sind nach dem LFGB (Lebensmittel- und Futtermittelgesetzbuch) Aussagen, die sich auf die Beseitigung, Linderung oder Verhütung von Krankheiten durch angebotene Lebensmittel beziehen. Andere gesundheitsbezogene Angaben, z. B. *Calcium stärkt die Knochen* müssen abgesichert sein. Die Substanz, auf die sich die Angabe bezieht, muss im Endprodukt in einer ausreichenden Menge vorhanden sein.

Nährwertkennzeichnung

Verbraucher achten zunehmend darauf, was sie essen und welchen Einfluss bestimmte Lebensmittel/Speisen auf ihre Gesundheit haben. Nährwertbezogene Angaben können daher eine Verkaufshilfe sein.

Die Anbringung von nährwertbezogenen Angaben in Speisekarten ist grundsätzlich freiwillig, wird aber immer wieder diskutiert. Auf allen verpackten Waren wird sie ab dem 13. Dezember 2016 zur Pflicht.

Wenn nährwertbezogene Angaben gemacht werden, müssen mindestens folgende Angaben erfolgen:

- Brennwert in kcal und kJ
  oder
- Brennwert in kcal und kJ, Fett, gesättigte Fettsäuren, Zucker und Salz
  oder
- Brennwert in kcal und kJ, Fett, gesättigte Fettsäuren, Kohlenhydrate, Zucker, Eiweiß und Salz

Es ist verboten, Wendungen zu gebrauchen, die darauf hindeuten, dass ein Lebensmittel schlankmachende, schlankheitsfördernde oder gewichtsverringernde Eigenschaften besitzt.

Erlaubt sind nur Wendungen zu allgemeinen Eigenschaften einer Ware.

Nicht erlaubt:	Erlaubt:
macht schlank	*mit knackigen Nüssen*
Kampf dem Winterspeck	*mit frischen Früchten*

Geschützte Ursprungsbezeichnungen

Bei der Verwendung von besonderen Bezeichnungen für Lebensmittel dürfen die Rechte anderer nicht verletzt werden. Einige Namen sind durch die EU geschützt:

- *geschützte geografische Angabe (g. g. A.)*
- *geschützte Ursprungsbezeichnung (g. U.)*
- *garantierte traditionelle Spezialität (g. t. S.)*

Geschützte geografische Angabe

Geschützte Ursprungsbezeichnung

Garantierte traditionelle Spezialität

(Quelle: Amtsblatt der Europäischen Union)

Musterspeisekarte und Allergensymbole

Unter dem folgenden Link ist eine hilfreiche Zusammenfassung der rechtlichen Vorschriften für Angebotskarten zu finden. Außerdem wird eine Musterspeisekarte gezeigt.
www.muenchen.de
Suchbegriff: *Kennzeichnung in Speise- und Getränkekarten*

Allergensymbole für die kostenlose Verwendung in Angebotskarten können unter folgendem Link heruntergeladen werden:
www.allergensymbolik.de

Literaturhinweise und Internethinweise

DEHOGA-Allergeninformation – Leitfaden für Gastronomie & Hotellerie
DEHOGA-Leitfaden „Gute Gastgeber für Allergiker"
DEHOGA-Broschüre „Bio mit Brief und Siegel in Gastronomie und Hotellerie"
www.dehoga-bundesverband.de/presse/publikationen/uebersicht

www.bll.de (Bund für Lebensmittelrecht und Lebensmittelkunde)
www.bmel.de (Bundesministerium für Ernährung und Landwirtschaft)
www.gesetze-im-internet.de (Bundesministerium der Justiz und für Verbraucherschutz)

www.dehoga.de

www.oekolandbau.de

www.zusatzstoffe-online.de
www.das-ist-drin.de

Bildquellenverzeichnis

Amtsblatt der Europäischen Kommission, Brüssel, Belgien (www.eur-lex.europa.eu): S. 58/1-3
digipen technologies GmbH, Bremen: S. 8/6
east Hotel & Restaurant GmbH, Hamburg (www.east-hamburg.de): S. 8/5
Fotolia Deutschland, Berlin, © www.fotolia.de: S. 2 (ganko); 8/4 (DOC RABE Media), 7a (ExQuisine)
GAD Gastronomische Akademie Deutschlands e.V., Frankfurt am Main: S. 6 (Ernst Birsner)
Gasthaus Stappen, Korschenbroich: S. 14
Hansla Speisekarten, Hamburg (www.speisekartenmappen.de): S. 7/4
Heyroth & Kürbitz freie Architekten BDA – hkfa.de, Hamburg: S. 8/8
LuJa Grafik, Ludger Jackowiak, Rheinberg: S. 2; 10; 11/1-3; 17; 18; 19; 22; 26; 28; 31; 32; 35; 42; 45; 46; 53; 55; 57 sowie alle Illustrationen zu den Seitenzahlen
Macnetix GmbH, Berlin-Tiergarten: S. 8/2
Shutterstock Images LLC, New York, USA: S. 23 (Crystal Eye Studio); 25 (MADDRAT); 37 (arigato); 39 (windu); 40 (Picsfive); 50/1-14 (h3c7or); 51 (Asya Alexandrova)
VEGA Vertrieb von Gatronomiebedarf GmbH, Wertingen: S. 7/1-3; 8/1,3
www.app-food.com (connect M, Dipl. Inform. Ronald Vogel, Uepsen): S. 8/7

Stand der rechtlichen Vorschriften und Internetlinks: Oktober 2015

GAD Gastronomische Akademie Deutschlands e. V.
Geschäftsstelle: Burgstraße 35, 59755 Arnsberg
E-Mail: info@gastronomische-akademie.de – Internet: www.gastronomische-akademie.de

ISBN 978-3-582-**04992**-6

Verlag Handwerk und Technik GmbH,
Lademannbogen 135, 22339 Hamburg; Postfach 63 05 00, 22331 Hamburg – 2015
E-Mail: info@handwerk-technik.de – Internet: www.handwerk-technik.de

Satz und Layout: PER Medien & Marketing GmbH, 38102 Braunschweig
Umschlagmotiv: Kaktusfactory, Thailand (U1); LuJa Grafik, 47495 Rheinberg (U4)
Illustrationen: LuJa Grafik, 47495 Rheinberg
Druck: Konrad Triltsch Print und digitale Medien GmbH, 97199 Ochsenfurt-Hohestadt